IMPRESSUM

HERAUSGEBER, KONZEPT, PRODUKTION:
Maria Hoffmann, photo network, Hamburg
FOTOS:
Nils Jaspersen
FOTOASSISTENZ:
Nathalie Kochay

Wir danken Herrn Heiner Finkbeiner und seiner Frau Renate, Hotel Traube Tonbach, für die freundliche Unterstützung.

ISBN-10: 3-7750-0475-0
ISBN-13: 978-3-7750-0475-6

DANKSAGUNG

Viele fleißige Hände waren maßgeblich an diesem Buch beteiligt. Ich bedanke mich bei der Familie Finkbeiner für ihre Unterstützung und Harald Wohlfahrt danke ich für die Zusammenarbeit.
Meinen Arbeitskollegen vom Bar-Team und der Traube-Mannschaft danke ich für die vielen Arbeitstunden nebenher. Dem Walter Hädecke Verlag mit seinem Verleger Joachim Graff und dem tollen photo network Team mit Maria Hoffmann und allen Sponsoren sage ich ein großes „Dankeschön".
Ganz besonders bedanke ich mich bei meiner Familie, vor allem bei meiner Frau Gertie. Sie hat mir geduldig und rücksichtsvoll den Rücken freigehalten und gestärkt.

WIDMUNG

Dieses Buch widme ich allen Freunden der Cocktailkunst, den Profimixern, Hobbybarkeepern, den vielen Genießern von Cocktails, meinen Kollegen in der Deutschen Barkeeper Union, den Arbeitskollegen in der Traube Tonbach, meiner Frau Gertie, meinen Kindern Mirko, Isabel und Michael sowie meinen Eltern, Geschwistern und deren Familien.

Bernhard Stöhr
im Frühjahr 2006

EIN PERFEKTES DUO

Essen und Trinken halten Leib und Seele zusammen, sagt der Volksmund und umschreibt damit das sinnliche Erlebnis, das Wohlgefühl, das sich ausbreitet und den ganzen Menschen erfasst, wenn Mund und Nase sich den Genüssen kulinarischer Freude hingeben dürfen, der Fülle von Aromen, dem Reichtum an Geschmack. Die Auswahl der Zutaten und die Fantasie bei der Zubereitung sind dabei von höchster Bedeutung.

Wir haben mit Bernhard Stöhr und Harald Wohlfahrt die Meister des Hochgenusses gewonnen, um Sie, liebe Leserinnen und Leser, zu verführen, die Welt der Cocktails und des Fingerfood zu genießen.

Im Herzen des Schwarzwaldes liegt das luxuriöse Hotel Traube Tonbach der Familie Finkbeiner. Hier ist Bernhard Stöhr seit über 20 Jahren Chef der Hotelbar und einer der prominentesten Barkeeper Deutschlands. Er verzaubert die immer wiederkehrenden Gäste mit seinen preisgekrönten Kreationen und darüber hinaus mit mehr als 200 klassischen und modernen Cocktails. Als Präsident der Deutschen Barkeeper-Union (DBU) reist er viel um die Welt. Er sammelt Eindrücke, gewinnt Preise und fördert den Nachwuchs. 2005 wurde Bernhard Stöhr auf Blair Castle in den schottischen Highlands zum „Keeper of the Quaich" ernannt, eine der höchsten Auszeichnungen seines Fachs.

In der „Schwarzwaldstube" des Hotels Traube Tonbach ist der Drei-Sterne-Koch Harald Wohlfahrt seit 1976 unbestrittener Meister am Herd. Zweimal täglich, am Mittag und am Abend, öffnet das exklusive Restaurant seine Türen, um die Gäste mit den Köstlichkeiten der Grande Cuisine zu verwöhnen.

Harald Wohlfahrt zieren alle Lorbeeren, die ein Koch erreichen kann. Gefragt, wie er sich als Nummer 1 fühlt, sagt er: „Ich bin keine Nummer. Ich bin der Mensch Harald Wohlfahrt." Dabei ist er der beste Koch Deutschlands, und das seit Jahren. Als einziger Koch der Republik darf er sich seit 1992 mit der Höchstbewertung in allen Restaurantführern schmücken.

Bernhard Stöhr hat für Sie 40 Cocktails zusammengestellt, darunter einige seiner preisgekrönten Mixturen. Er freut sich, wenn Sie selbst den Shaker in die Hand nehmen. So schwer ist es nicht und Spaß macht es auch.
Für den kleinen Hunger sorgt Harald Wohlfahrt mit 15 leckeren Fingerfood-Variationen.

Bernhard Stöhr und Harald Wohlfahrt sind ein perfektes Duo. Beide verbindet die Liebe zu ihrem Beruf und die Herausforderung, auf höchstem Niveau immer wieder kreativ sein zu dürfen.

In diesem Buch finden Anfänger und Fortgeschrittene wertvolle Tipps und Anregungen. Im Kapitel „Barequipment" erfahren Sie, welche Grundaustattung an Getränken und Gläsern vorhanden sein muss, um die ersten Cocktails zu mischen. Und damit das Auge nicht zu kurz kommt, gibt es ein Kapitel „Dekotipps".

Es kann also losgehen. Erfreuen Sie sich und Ihre Gäste mit selbst gemixten Cocktails und überraschendem Fingerfood.

Ihre

Maria Hoffmann

LUST AM GENUSS

Jeden Tag werden in Bars rund um den Globus Ideen für immer spannendere Cocktails geboren. Die Faszination rund um die alkoholischen und nicht-alkoholischen, fruchtig-süßen und herben Lifestylegetränke ist ungebrochen.

Überall auf der Welt, wo lebensfrohe Menschen sich treffen und gesellige Stunden verleben, wird auch gegessen und getrunken. Ich freue mich, Ihnen mit „All about Cocktails and Barfood" einige Tipps und Anregungen für genussvolle Abendstunden mit Familie und Freunden geben zu dürfen.

Auf den folgenden Seiten stelle ich Ihnen neben zahlreichen Siegercocktails internationaler Mixwettbewerbe, Classic Cocktails, Pre- und After-Dinner Cocktails, Hotdrinks sowie Nonalcoholics und Fancy Drinks meine persönliche Top Auswahl vor, unterlegt mit tollen Fotos und wertvollen Tipps.

Besonders stolz bin ich, dass mein Arbeitskollege und Deutschlands Sternekoch Nr. 1, Harald Wohlfahrt, Ihnen einen Einblick gewährt in die Kunst des feinen Fingerfoods für Ihre Party zu Hause.

Liebe Leserin, lieber Leser, tauchen Sie ein in die bunte Welt der Cocktails. Ich wünsche Ihnen viel Spaß beim Mixen und natürlich beim anschließenden Genießen!

viel Erfolg

Ihr

Bernhard Stöhr

INHALT

TOP10

Barchef mit Leib

Bernhard Stöhr ist Barchef in der schönen Hotelbar der Traube Tonbach. Doch nicht nur das. Er ist Unterhalter, Gourmet, Seelsorger, Kreativer, Organisationstalent. Der gebürtige Allgäuer liebt seinen Beruf. Er genießt das ständige Aufeinandertreffen mit interessanten Menschen, die immer wieder kommen, und die daraus entstehenden Beziehungen.

„Für den Gast ist die Bar wie das Wohnzimmer“, sagt er. „Hier kann man einen schönen Cocktail genießen und die Seele baumeln lassen“. Und wie ein richtiges Wohnzimmer will auch eine Bar vor allem eines sein: aufgeräumt! „Ordnung ist enorm wichtig. Alles muss an seinem Platz stehen, besonders im Team“, betont der Chef und greift gezielt zu den Flaschen.

PLUS 1

und Seele

Seit mittlerweile 10 Jahren ist der dreifache Familienvater Präsident der deutschen Barkeeper Union. Ein Ehrenamt, das große Verantwortung und viele Verpflichtungen mit sich bringt und für das auch andere Opfer bringen müssen: „Ich bin meiner Frau sehr dankbar für ihr enormes Verständnis und die Unterstützung, wenn ich in Sachen Cocktails unterwegs bin. Die Familie gibt mir Ausgeglichenheit und Halt."

Mit den Top 10 hat Bernhard Stöhr für Sie eine Auswahl an Siegerdrinks von internationalen Wettbewerben und zeitlosen Cocktails getroffen. Als Top 10 plus 1 präsentiert er seine ganz eigene Überraschungskreation – damit auch die Zunge etwas zu feiern hat. Lassen Sie sich entführen in die faszinierende Welt der Cocktails.

Viel Spaß beim Shaken!

STUTTGART 2000

3 cl Aperol
2 cl Mandarine Napoléon
0,5 cl Monin Erdbeersirup
2 cl Maracujanektar
mit Champagner Alfred Gratien Brut auffüllen

Limettenzeste
3–4 Eiswürfel
Champagnerschale, Shaker
Garnitur: Physalis

Alle Zutaten, bis auf den Champagner, im Shaker auf Eis gut schütteln. Durch das Barsieb in eine gekühlte Champagnerschale seihen. Mit Champagner auffüllen und mit der Limettenschale abspritzen. Garnieren.

Siegerdrink von Bernhard Stöhr aus Baiersbronn beim ersten europäischen Präsidentenmixwettbewerb des neuen Jahrtausends auf der Intergastra 2000 in Stuttgart.

CAIPIRINHA

1 Limette
2 Barlöffel Rohrzucker
Crushed Ice
6 cl Cachaça
Tumbler

Die Limette halbieren, achteln (Mittelstrunk entfernen) und in einen Tumbler geben. Zwei Barlöffel Rohrzucker dazugeben und kräftig zerdrücken. Den Tumbler mit Crushed Ice auffüllen und den Cachaça darüber gießen. Umrühren, mit Trinkhalm und Stirrer servieren.

Caipirinha ist mittlerweile der meistgetrunkene Cocktail der Welt!

MOJITO

6 cl Havana Club Rum 3 Jahre
2 cl Limettensaft
2 cl Monin Lime Juice
2 cl Monin flüssiger Rohrzucker
etwas Sodawasser

1 Limette
Minzeblätter
Crushed Ice
Longdrinkglas, Stirrer
Garnitur: Minzzweig, Trinkhalm

Limette achteln und zusammen mit den Minzeblättern im Glas zerdrücken. Das Glas mit Crushed Ice auffüllen und Ingredienzien dazugeben. Umrühren und garnieren.

Stirrer ist ein Rührstab und dient zum Vermischen der Flüssigkeit im Glas.

STRAWBERRY NIGHT

2 cl Wodka Vanille
2 cl Maracujalikör
2 cl Toschi grüner Apfellikör
2 cl Maracujanektar
4 cl frisch püriertes Erdbeermark
1 cl Monin Gomme Sirup
3–4 Eiswürfel
Longdrinkglas, Shaker
Garnitur: Kumquat, Physalis, Ananas, Kirsche

Alles im Shaker auf Eis kräftig schütteln, in ein Longdrinkglas füllen und garnieren. Mit einem Trinkhalm servieren.

„Strawberry Night" machte Sergio Pezzoli aus Belgien zum Sieger der Cocktailweltmeisterschaften 2005 in Helsinki, Finnland.

BLOODY MARY

4 cl Wodka Gorbatschow Platinum 44
2 Spritzer frischer Zitronensaft
10 cl Tomatensaft
3–4 Eiswürfel
Highballglas, Rührglas
Garnitur: 1 Stück Stangensellerie

Gewürze nach Geschmack:
schwarzer Pfeffer aus der Mühle,
Paprikapulver, Selleriesalz,
Tabasco, Worcestersauce

Alle Zutaten im Rührglas auf Eis gut verrühren und in das Highballglas seihen. Mit Selleriestange garnieren.

LA GRANDE ROUGE

3 cl Campari
3 cl Grand Marnier
1,5 cl Monin Blutorangensirup
6 cl frisch gepresster Orangensaft
6 cl Maracujanektar

2 x 3–4 Eiswürfel
Longdrinkglas, Shaker
Garnitur:
Blutorangenscheibe, Kirsche

Alle Zutaten im Shaker auf Eis gut schütteln und durch das Barsieb in ein Longdrinkglas auf Eis seihen. Mit Blutorangenscheibe und Kirsche garnieren!

In Monaco war Silvia Schumacher aus Baiersbronn mit diesem Cocktail der Shootingstar beim Grand Marnier Wettbewerb 2003 in Monte Carlo.

VATTENFALL INTERNATIONAL VIP-LOUNGE DRINK 2006

3 cl Curaçao Blue
1 cl Wodka
2 cl weißer Rum
12 cl Tonic Water

3–4 Eiswürfel
Hurricaneglas, Rührglas
Garnitur: Physalis, Zitronenspiralen, Trinkhalm

Alle Zutaten, bis auf das Tonic Water, auf Eis im Rührglas verrühren und durch ein Barsieb in das Hurricaneglas auf Eis seihen. Mit Tonic Water auffüllen und mit Physalis und Zitronenspiralen garnieren.

COSMOPOLITAN

3 cl Wodka Citron
1 cl Cointreau
1 cl frisch gepresster Limettensaft
2 cl Cranberry Juice
3–4 Eiswürfel
Cocktailglas, Shaker

Alle Zutaten im Shaker auf Eis kräftig schütteln. Durch das Barsieb in ein Cocktailglas seihen.

Kultdrink zur Fernsehserie „Sex and the City“!

SMILE

3 cl Wodka Mandarin
2 cl Passionsfruchtlikör Charleston Follies
2 cl Cinzano Limetto
1 cl Monin Erdbeersirup
12 cl Ananassaft
3–4 Eiswürfel
Longdrinkglas, Shaker
Garnitur: Ananas, Kirsche

Alle Zutaten auf Eis im Shaker kräftig schütteln. Mit dem Barsieb in ein Longdrinkglas seihen und dekorieren.

Mit diesem Drink gewann Alberto Soratti aus Italien die Cocktailweltmeisterschaften 2002 in Bled, Slovenien.

SINGAPORE SLING

3 cl Gin
1,5 cl Cherry Heering
1 cl Cointreau
1 cl Bénédictine DOM
1 Spritzer Angostura-Bitter
1 cl Monin Grenadinesirup
2 cl Zitronensaft
4 cl Ananassaft
etwas Mineralwasser
3–4 Eiswürfel
Longdrinkglas, Shaker
Garnitur: Ananas, Kirsche, Trinkhalm

Alle Zutaten, bis auf das Mineralwasser, auf Eis im Shaker kräftig schütteln. Durch das Barsieb in ein Longdrinkglas seihen. Mit Mineralwasser auffüllen und garnieren.

Der Singapore Sling ist einer der berühmtesten Drinks. Im Jahre 1916 wurde er vom Barchef Ngyang Thong Boon im bekannten Raffels Hotel in Singapur erfunden. Für jeden Cocktailtouristen ist es ein „Muss“, in Singapur einmal diesen erfrischenden Cocktail zu probieren!

FINAL DREAM

2 cl Martini D´Oro
1 cl Maracujalikör
2 cl Pisang Ambon
1 cl Maracujanektar
1 cl Limettensaft
1 cl Monin Curaçao Blue alkoholfrei
3–4 Eiswürfel
Cocktailglas, Shaker
Garnitur: Orangenspirale, Physalis

Alle Zutaten, außer Monin Curaçao Blue, im Shaker auf Eis kräftig schütteln und durch das Barsieb in ein Cocktailglas seihen. 1 cl Monin Curaçao Blue über einen Barlöffel auf den Cocktail geben. Die Physalis auf das Cocktailglas stecken und die Orangenspirale rund um das Cocktailglas mit einer Garniturenzange ziehen.

Diesen Überraschungscocktail kreierte Bernhard Stöhr zur Fußball WM 2006. Zum Wohl und viel Erfolg!

30 COCK

Die blaue

Wenn die Sonne am Abend den Horizont berührt und ihre Kraft nicht mehr ausreicht, auch von unterhalb des Horizontes den Himmel anzustrahlen, dann taucht die Welt in ein ruhiges, melancholisches Blau und die schönste Zeit, den ersten Cocktail zu genießen, ist angebrochen: die Blaue Stunde.

Die Geschichte der Cocktails hat eine lange Tradition. Ursprünglich stammen sie aus den Vereinigten Staaten. Vermutlich im 18. Jahrhundert wurden dort die ersten Cocktails gemischt.

Erst in den späten 50er Jahren des 20. Jahrhunderts hielt der Cocktail Einzug in Deutschland. Aus den Hotelbars der Großstädte trat er seinen Siegeszug an. Ende der

TAILS
Stunde

70er Jahre war der Durchbruch geschafft, und die ersten Bars nach dem Vorbild der American Bar entstanden.

Heute sind Cocktails aus unserem gesellschaftlichen Leben nicht mehr wegzudenken. Man trifft sich auf einen Cocktail, veranstaltet Cocktailpartys und Wettbewerbe.

In diesem Kapitel stellen wir Ihnen 30 Cocktailvariationen vor, eine Auswahl zu jedem Anlass. Überraschen Sie Ihre Freunde damit oder genießen Sie selbst Ihren Lieblingscocktail zur Blauen Stunde.

MARTINI DRY COCKTAIL

5 cl Gin
1 cl Noilly Prat
Zitronenzeste

3–4 Eiswürfel
Cocktailglas, Rührglas
Garnitur: 1 Olive mit Stein

Alle Zutaten auf Eis im Rührglas verrühren und durch das Barsieb in ein gekühltes Cocktailglas seihen. Olive mit Sticker ins Glas geben und mit Zitronenzeste abspritzen.

Eine Zeste ist ein Stück Schale von einer Zitrusfrucht. Durch Zusammendrücken der Schale, dem Abspritzen, wird der Cocktail aromatisiert.

Der Martini Dry Cocktail gilt als „König der Cocktails"! Es gibt viele Geschichten und Mixvarianten um diesen Drink. Obwohl er nur 2 Zutaten hat, gilt er in seiner Zusammensetzung als einer der schwierigsten Drinks. Das „Barkeeper-Können" wird am Martini Dry Cocktail gemessen!

BRANDY ALEXANDER

2 cl Cognac oder Brandy
2 cl Crème de Cacao braun
2 cl flüssige Sahne
3–4 Eiswürfel

Cocktailglas, Shaker
Garnitur: geriebene Muskatnuss

Alle Zutaten auf Eis im Shaker kräftig schütteln und durch das Barsieb in ein vorgekühltes Cocktailglas seihen. Nach Geschmack etwas geriebene Muskatnuss auf den Cocktail geben.

PRINCE OF WALES

3 cl Cognac
2 cl Grand Marnier
1 Spritzer Angostura-Bitter
Champagner Laurent-Perrier Brut
Orangenzeste
6 Eiswürfel

Silberbecher, Rührglas
Garnitur: $^{1}/_{2}$ Scheibe Orange, 2 Kirschen

Im Rührglas auf Eis die Zutaten, bis auf den Champagner, kurz verrühren, dann in den Silberbecher auf 2 Eiswürfel gießen. Mit Champagner auffüllen, mit der Orangenzeste abspritzen und mit Orangenscheibe und Kirschen garnieren.

Der Cocktail „Prince of Wales" wurde einst für seinen Namensgeber kreiert und deshalb standesgemäß in einem Silberbecher serviert.

WHITE LADY

2 cl London Dry Gin
2 cl Cointreau
2 cl frischer Zitronensaft
3–4 Eiswürfel

Cocktailglas, Shaker
Garnitur: eventuell Kirsche

Alle Zutaten auf Eis im Shaker kräftig schütteln und durch das Barsieb in ein gekühltes Cocktailglas seihen. Eventuell eine Kirsche mit Sticker ins Glas geben.

APEROL SOUR

4 cl Aperol
1 cl Monin flüssiger Rohrzucker
1 cl frisch gepresster Orangensaft
2 cl frisch gepresster Zitronensaft
3–4 Eiswürfel

Sour-Glas, Shaker
Garnitur: $^{1}/_{2}$ Scheibe Orange, $^{1}/_{2}$ Scheibe Zitrone, 1 Kirsche

Alle Zutaten auf Eis im Shaker kräftig schütteln und durch das Barsieb in ein Sour-Glas seihen. Mit den Früchten garnieren.

BACARDI SYMPHONY

3 cl Bacardi Carta Blanca
1,5 cl Campari
1,5 cl Cinzano Extra Dry
0,5 cl Galliano
0,5 cl Grand Marnier Rouge

3–4 Eiswürfel
Cocktailglas, Rührglas
Garnitur: 1 Scheibe Limette, Orangenzeste, Kirsche

Alle Zutaten im Rührglas auf Eis verrühren und durch das Barsieb in ein vorgekühltes Cocktailglas seihen. Mit einer Scheibe Limette, Orangenzeste und Kirsche garnieren.

Siegerdrink von Ales Ogrin aus Slovenien bei den Cocktailweltmeisterschaften 2000 in Singapur.

AMERICANO

3 cl Campari
3 cl Cinzano rosso
Sodawasser
2 x 3–4 Eiswürfel

Tumbler, Rührglas
Garnitur: 1/2 Orangenscheibe, Stirrer

Campari und Cinzano rosso im Rührglas auf Eis verrühren und durch das Barsieb in den Tumbler auf Eis seihen. Mit Sodawasser auffüllen, 1/2 Scheibe Orange in das Glas geben und mit Stirrer servieren.

PASSIONE

1,5 cl Gin
1,5 cl Bacardi Limón
2 cl Pfirsichlikör
1,5 cl Cinzano rosé
0,5 cl frischer Limettensaft
3–4 Eiswürfel
Cocktailglas, Shaker
Garnitur: 1 Physalis

Alle Zutaten im Shaker auf Eis gut schütteln und durch das Barsieb in ein vorgekühltes Cocktailglas seihen. Mit einer Physalis garnieren.

Leidenschaft mit Happy-End. Angelo Ganner aus Österreich gewann mit „Passione" bei den Cocktailweltmeisterschaften 1997 in Karlsbad, Tschechien.

MANHATTEN

4 cl Canadian Whisky
2 cl Cinzano Rosso
1 Spritzer Angostura Bitter
3–4 Eiswürfel
Cocktailglas, Rührglas
Garnitur: 1 Kirsche

Alle Zutaten auf Eis im Rührglas gut verrühren und durch das Barsieb in ein vorgekühltes Cocktailglas seihen. Mit einer Kirsche garnieren.

ADAM UND EVA

2,5 cl Havana Club Rum (7 Jahre)
2 cl Toschi Grüner Apfellikör
2 cl Cinzano Extra Dry
0,5 cl Campari
3–4 Eiswürfel
Cocktailglas, Rührglas
Garnitur: Apfelscheiben

Alle Zutaten auf Eis im Rührglas gut verrühren und durch das Barsieb in ein vorgekühltes Cocktailglas seihen. Mit grünen Apfelscheiben garnieren.

Der paradiesische Siegerdrink von Sergio Serrano Rivero aus Cuba bei den Cocktailweltmeisterschaften 2003 in Sevilla, Spanien.

RAUHREIF

2 cl Bombay Sapphire Gin
1 cl Bacardi Carta Blanca
1 cl Curaçao Triple sec
1 cl Monin Grenadinesirup
1 cl frisch gepresster Zitronensaft

3–4 Eiswürfel
Cocktailglas, Shaker
Garnitur: Zuckerrand,
1/8 Zitrone

Den Rand des Cocktailglases mit dem Saft eines Zitronenachtels befeuchten und im Zucker drehen, damit ein gleichmäßiger Zuckerrand entsteht. Die Zutaten im Shaker auf Eis kräftig schütteln und durch das Barsieb in ein Cocktailglas seihen.

BATIDA BLACK AND WHITE

3 cl Scotch Whisky
2 cl Black Batida
3–4 cl Sahne
3–4 Eiswürfel

Cocktailglas, Rührglas, elektrischer Mixer
Garnitur: Schokoladenraspel

Scotch Whisky und Black Batida auf Eis kurz verrühren und durch das Barsieb in ein vorgekühltes Cocktailglas seihen. Die Sahne mit dem elektrischen Mixer leicht anschlagen und langsam über einen Barlöffel auf den Drink fließen lassen. Schokoladenraspel auf die Sahne streuen.

RECALL

2 cl Wodka Gorbatschow Platinum 44
1 cl Apricot Brandy
1 cl Monin Grenadinesirup
1 cl Monin Passionsfruchtsirup
2 cl frischer Orangensaft

3–4 Eiswürfel
Cocktailglas, Shaker
Garnitur: Apfelscheibe, Physalis, Kirsche

Alle Zutaten im Shaker auf Eis gut schütteln und durch das Barsieb in ein vorgekühltes Cocktailglas seihen. Mit Apfelscheibe, Physalis und Kirsche garnieren.

And the winner is – Neville Azzopardi aus Malta. Er gewann bei den Cocktailweltmeisterschaften 2004 in Las Vegas, USA.

WHITE WEDDING

2 cl Bacardi Ron 8 años
1 cl Amarula
1 cl Amaretto di Saronno
1 cl Monin Karamelsirup

2 cl Sahne
3–4 Eiswürfel
Cocktailglas, Shaker
Garnitur: Zimtstange, Zimtpulver

Alle Zutaten im Shaker auf Eis gut schütteln und durch das Barsieb in ein vorgekühltes Cocktailglas seihen. Zimtstange auflegen und etwas Zimtpulver darüber streuen.

SUMMER QUEEN

3 cl Erdbeerlikör
2 cl Grand Marnier Rouge
0,5 cl Baileys
0,5 cl Erdbeersaft

1 cl Monin Kokossirup
3–4 Eiswürfel
Cocktailglas, Shaker
Garnitur: Erdbeere, Schokoladenraspel

Alle Zutaten im Shaker auf Eis gut schütteln und durch das Barsieb in ein vorgekühltes Cocktailglas seihen. Erdbeere an den Glasrand stecken und Schokoladenraspel auf den Cocktail streuen.

Siegerdrink von Jaap Van Worcum aus Holland bei den Cocktailweltmeisterschaften 2001 in Rio de Janeiro, Brasilien.

DEEP RED

6 cl Maracujanektar
6 cl Kirschsaft
3 cl Zitronensaft
1,5 cl Monin Mangosirup
1,5 cl Monin Mandelsirup
6 Eiswüfel
Longdrinkglas, Shaker
Garnitur: 1 Physalis

Alle Zutaten auf Eis im Shaker kräftig schütteln und in ein Longdrinkglas auf 4–6 Eiswürfel seihen. Physalis auf den Glasrand aufstecken.

TELL WELL

6 cl Apfelsaft
6 cl Ananassaft
4 cl Pfirsichsaft
2 cl Monin grüner Apfelsirup
2 cl Monin Pfirsichsirup
6 Eiswürfel
Longdrinkglas, Shaker
Garnitur: Babyapfel, Karambole

Alle Zutaten auf Eis im Shaker kräftig schütteln und in ein Longdrinkglas auf 4–6 Eiswürfel seihen. Die Garnitur aufstecken.

BLAUE LAGUNE ▸

6 cl Ananassaft
2 cl frisch gepresster Zitronensaft
10 cl Zitronenlimonade
2 cl Monin Curaçao Blue alkoholfrei
4–6 Eiswürfel

Longdrinkglas
Garnitur: $^{1}/_{8}$ Ananasscheibe, 1 Kirsche, Holzspieß

Im Longdrinkglas auf Eis Ananassaft, Zitronensaft und Zitronenlimonade aufgießen. Danach 2 cl Curaçao Blue einfüllen. Die Garnitur am Glasrand aufstecken.

SCHOKO NUT

2 cl Cream of Coconut
2 cl frische Sahne
1 cl Monin Macadamiasirup
1 cl Monin dunkler Schokoladensirup
3–4 Eiswürfel

Cocktailglas, Shaker
Garnitur: Schokoladenraspel

Alle Zutaten auf Eis im Shaker kräftig schütteln und in ein gekühltes Cocktailglas seihen. Schokoladenraspel auf den Cocktail streuen.

RED RACER

4 cl Monin Bitter (alkoholfrei)
4 cl Monin Lime Juice
4 cl Rosa Grapefruitsaft
ca. 8 cl Tonic Water
4–6 Eiswürfel

Longdrinkglas
Garnitur: $^{1}/_{2}$ Scheibe Orange, $^{1}/_{2}$ Scheibe Zitrone, 2 Kirschen, 1 weiße oder blaue Weintraube, Holzspieß

Im Longdrinkglas auf Eis alle Zutaten eingießen. Danach einen Fruchtspieß mit den halben Orangen- und Zitronenscheiben, 2 Kirschen und 1 Weintraube aufsetzen. Fertig ist der „Schumi“-Flitzer!

JOSEFINE IN LOVE

3 cl Mandarine Napoléon
1 cl Monin Passionsfruchtsirup
2 cl Monin Lime Juice
4 cl Kirschnektar

Sekt Fürst von Metternich
Sektschale oder Sektglas, Shaker
Garnitur: 3 Kirschen

Alle Zutaten, bis auf den Sekt, auf Eis im Shaker kräftig schütteln und durch das Barsieb in eine Sektschale seihen. Mit Sekt auffüllen und mit 3 Kirschen garnieren.

MANDY´S LOVE

3 cl Aperol
2 cl Cinzano orancio
1,5 cl Monin Mandarinensirup
2 cl frisch gepresster Orangensaft
Prosecco Yello
3–4 Eiswürfel

Sektschale, Shaker
Garnitur: $^1/_2$ Scheibe Orange,
1 Kirsche, 1 Physalis

Alle Zutaten, bis auf den Prosecco, auf Eis im Shaker kräftig schütteln und durch das Barsieb in ein Sektglas seihen. Mit Prosecco Yello auffüllen und mit der halben Orangenscheibe, einer Kirsche und der Physalis garnieren.

LADY BELL

3 cl Bacardi Carta Blanca
2 cl Cherry Peter Heering
2 cl Lime Juice
Sekt Henkel Blanc de Blanc
1 Orangenzeste
3–4 Eiswürfel
Sektschale oder Sektglas, Rührglas
Garnitur: $^1/_2$ Scheibe Orange, 1 Kirsche

Alle Zutaten, bis auf den Sekt, auf Eis im Rührglas verrühren und durch das Barsieb in eine Sektschale oder ein Sektglas seihen. Mit Sekt auffüllen und mit Orangenzeste abspritzen. Die halbe Orangenscheibe und die Kirsche ins Glas geben.

PINK HEAVEN

3 cl Likör 43
2 cl Batida de Coco
1 cl Bacardi Carta Blanca
1 cl Monin Passionsfruchtsirup
1 cl Monin Erdbeersirup
10 cl Maracujanektar
2 cl Milch
6 Eiswürfel
Hurricaneglas, Shaker
Garnitur: Erdbeere, Limette, Kirsche

Alle Zutaten auf Eis im Shaker kräftig schütteln und durch das Barsieb in ein Hurricaneglas auf 4–6 Eiswürfel seihen. Mit den Früchten garnieren.

Siegerdrink von Ugur Dervisoglu aus Hannover bei den Deutschen Cocktailmeisterschaften 2004 in Nürnberg.

SEX ON THE BEACH

4 cl Wodka Gorbatschow Platinum 44
2 cl Pfirsichlikör
6 cl Cranberry Juice
6 cl frisch gepresster Orangensaft
6 Eiswürfel
Longdrinkglas, Shaker
Garnitur: $^1/_2$ Scheibe Orange, Trinkhalm

Alle Zutaten auf Eis im Shaker kräftig schütteln und durch das Barsieb in ein Longdrinkglas auf 4–6 Eiswürfel seihen. Mit einer halben Orangenscheibe garnieren und mit dem Trinkhalm servieren.

HOT SHOT

2 cl Galliano
2 cl Espresso
2 cl halb geschlagene Sahne

Hot-Shot-Glas
(doppeltes Schnapsglas)

Galliano, Espresso, Sahne im Hot-Shot-Glas über einen Barlöffel schichten. Der Hot Shot wird auf einmal getrunken.

RÜDESHEIMER KAFFEE

4 cl Weinbrand (Asbach Uralt)
3 Stück Würfelzucker
1 Tasse heißer Kaffee
Rüdesheimer Kaffeetasse

mit Vanillezucker gesüßte,
leicht geschlagene Sahne
Schokoladenraspel

Den Weinbrand und den Würfelzucker in die vorgewärmte Kaffeetasse geben. Den Weinbrand anzünden und maximal eine Minute brennen lassen. Mit dem heißen Kaffee auffüllen und umrühren. Die mit Vanillezucker gesüßte, leicht geschlagene Sahne als Sahnehaube aufsetzen und Schokoladenraspel darüber streuen.

Ohne Kaffeelöffel und Trinkhalm servieren. Der Rüdesheimer Kaffee wird durch die gekühlte Sahne getrunken.

IRISH COFFEE

4 cl Irish Whiskey
2 Barlöffel brauner Zucker
1 Tasse starker, heißer Kaffee
leicht geschlagene Sahne
Schokoladenraspel
Irish-Coffee-Glas

Irish Whiskey, braunen Zucker und heißen Kaffee in das gewärmte Irish-Coffee-Glas geben und alles gut verrühren. Leicht geschlagene Sahne auf den Kaffee geben und mit etwas Schokoladenraspel garnieren.

Denken Sie bitte daran, dass ein zugelegter Löffel oder Trinkhalm den Gast zum Rühren verleitet. Kenner schlürfen ihren Irish Coffee durch die kühle Sahne.

ORANGEN PUNSCH

4 cl brauner Rum
2 cl Cointreau
2 cl Monin Zimtsirup
6 cl Orangensaft
heißer, schwarzer Tee zum Auffüllen
Teeglas oder Punschglas
1 Orangenscheibe,
2–3 Gewürznelken

Alle Zutaten, außer Tee, im Topf erhitzen, aber nicht kochen lassen. Die Mischung in das vorgewärmte Glas gießen, mit heißem Tee auffüllen und umrühren. Die Orangenscheibe mit den Nelken spicken und ins Glas geben.

APPLE JACK

4 cl Calvados Père Magloire V.S.O.P.
2 cl Zitronensaft
8 cl heißes Wasser
2 TL Honig
Tee- oder Punschglas
1 Zitronenscheibe

Calvados, Zitronensaft und Honig in das vorgewärmte Teeglas geben. Mit heißem Wasser auffüllen und gut umrühren. Mit der Zitronenscheibe garnieren.

Irish Coffee

Awarded The Highest
GOLD MEDALS

BAREQUIP

Schütteln oder

Ginge es nach dem besten Geheimagenten Ihrer Majestät, wäre die Sache klar: „Shaken, not stirred!". So jedenfalls bevorzugt James Bond seinen Martini-Cocktail und erweist sich damit als echter Sonderling. Denn der klassische Martini-Cocktail wird nicht geschüttelt, sondern gerührt serviert.

Doch was heißt eigentlich geschüttelt oder gerührt? Was verbirgt sich hinter den so häufig verwendeten Zitronenzesten? Welche Messer, Löffel, Gläser und sonstigen Gegenstände sollten in Ihrer Hausbar auf keinen Fall fehlen? Worin unterscheidet sich

MENT

Rühren?

ein Hurricane-Glas von einem Tumbler? Und wie viel Eis benötigt man für einen wirklich gelungenen Cocktailabend?

Auf den nächsten Seiten gibt es Antworten auf diese Fragen. Wir erklären Ihnen die wichtigsten Utensilien und Begriffe zum Thema Barequipment. Am Ende dieses Kapitels halten Sie den „Strainer“ nicht mehr für einen Übungsleiter mit vorgeschaltetem „S“ und haben einen weiteren Schritt getan auf dem Weg zum perfekten Gastgeber – mit der Lizenz zum Shaken!

GRUNDAUSSTATTUNG

Unser Vorschlag für Bloody Mary, Caipirinha, Americano, Batida Black and White, Aperol Sour, Blaue Lagune, Prince of Wales, Martini Dry Cocktail und einige mehr:

SPIRITUOSEN Wodka, Cachaça, Campari, Cinzano Rosso, Scotch Whisky, Black Batida, Aperol, Grand Marnier, Gin, Noilly Prat, Champagner und Sekt

SIRUPS Monin flüssiger Rohrzucker, Monin Curaçao Blue alkoholfrei

SÄFTE Tomatensaft, Ananassaft, Zitronenlimonade

FRÜCHTE Zitronen, Limetten, Orangen

Eis nicht vergessen. Besonders bei der Party-Planung.

DIE HAUSBAR

Um die ersten Cocktails mixen zu können, ist eine Auswahl an Spirituosen, Säften und Sirups unabdingbar. Beginnen Sie mit Ihren fünf Lieblingscocktails zum Aufbau Ihres Barstocks. Ausgewogene, bewährte Rezepte, gemixt mit renommierten Marken, gewährleisten ein gutes Gelingen. Das Sortiment für Ihre Hausbar können Sie nach und nach erweitern. Wir haben für Sie die in diesem Buch verwendeten Getränke nach Kategorien aufgelistet.

PROFIAUSSTATTUNG

MIXLIKÖRE Curaçao Blue, Pfirsichlikör, Baileys, Galliano, Amaretto, Amarula, Erdbeerlikör, Crème de Cacao, Batida de Coco, Toschi grüner Apfellikör, Likör 43, Maracujalikör

EDELLIKÖRE Cherry Heering, Bénédictine DOM, Charleston Follies, Mandarine Napoléon, Grand Marnier Cordon Rouge, Cointreau

WEITERE SPIRITUOSEN brauner Rum, weißer Rum, Havana Club Rum (7 Jahre), Havana Club Rum (3 Jahre), Wodka (Flavoured, z.B. Mandarin, Vanille, Zitrone, etc.), Canadian Whisky, Irish Whiskey, Apricot Brandy, Weinbrand, Calvados Père Magloire V.S.O.P., Bacardi Limón, Bacardi Carta Blanca, Bacardi Ron 8 años, Curaçao Triple sec, Cognac

BITTERS Angostura, Campari, Aperol

CHAMPAGNER UND SCHAUMWEINE Champagner Laurent-Perrier Brut, Prosecco Yello, Henkel Blanc de Blanc, Sekt Fürst von Metternich

VERMOUTH/DESSERTWEINE Rosé, Limetto, Martini d'Oro, Cinzano Extra Dry, Orancio

SIRUPS von Monin z. B. Grenadine, Erdbeere, Maracuja, Kokos, Mandel, Zimt, Karamel, Mango, Rohrzucker, Pfirsich, Passionsfrucht, Mandarine, Schokolade, Macadamia, Lime Juice, Gomme

SÄFTE Orange, Zitrone, Kirsche, Rosa Grapefruit, Cranberry, Tomate, Erdbeere, Apfel, Ananas, Limette

NEKTARE Maracujanektar, Kirschnektar, Cream of Coconut

BARTASCHE ist praktisch für den Hobbymixer. Er findet hier die wichtigsten Mixutensilien immer griffbereit. Als Grundausstattung sehr zu empfehlen.

SIPHON Zum Auffüllen von Drinks mit Soda. Der Druck wird durch eine Gaspatrone erzeugt.

JIGGER ist ein Messbecher zum Portionieren. Als Standard in 2- und 4-cl- oder in 3- und 5-cl-Einteilungen

UTENSILIEN

SHAKER Im Shaker werden alle Drinks aus schwer vermischbaren Flüssigkeiten oder Zutaten zubereitet wie z. B. Sirups, Eigelb, Sahne, Säfte usw. Durch kräftiges Schütteln erhält man eine einheitliche Mischung.

RÜHRGLAS Zur Zubereitung aller Drinks, die gerührt – nicht geschüttelt – werden. Für klare und leicht mischbare Drinks, insbesondere Shortdrinks.

TIP Achten Sie darauf, immer genügend Eis im Haus zu haben. Für einen Drink benötigen Sie zwischen 150 und 200 g.

EISSCHAUFEL Für die Hausbar genügt eine kleine Zange. Ist die Schaufel gelocht, kann das Schmelzwasser besonders bei Crushed Ice gut ablaufen.

BOSTONSHAKER besteht aus einem Metallbecher und einem verstärkten Glaseinsatz. Der Mischprozess ist hier leicht zu erkennen.

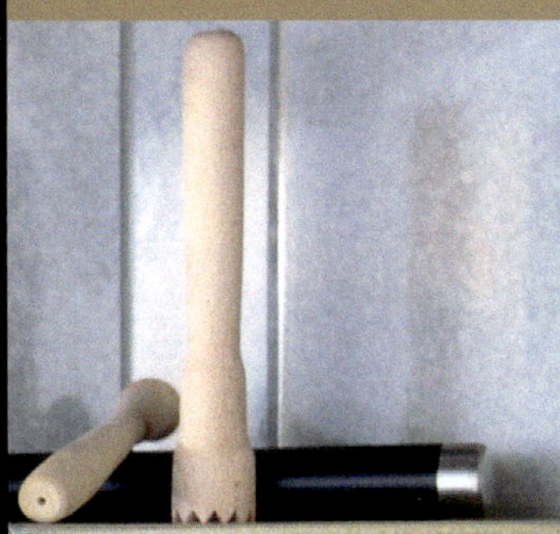

MUDDLER ist ein Stößel zum Auspressen von Früchten oder zum Zerkleinern von Würfelzucker.

DASHBOTTLE Flasche mit Spritzkorkenverschluss zum Portionieren. Ein dash sind drei bis vier Tropfen, die Menge, die bei einem Kippschwung durch den Spritzkorken fließt. Für Angostura, Orangen Bitter usw.

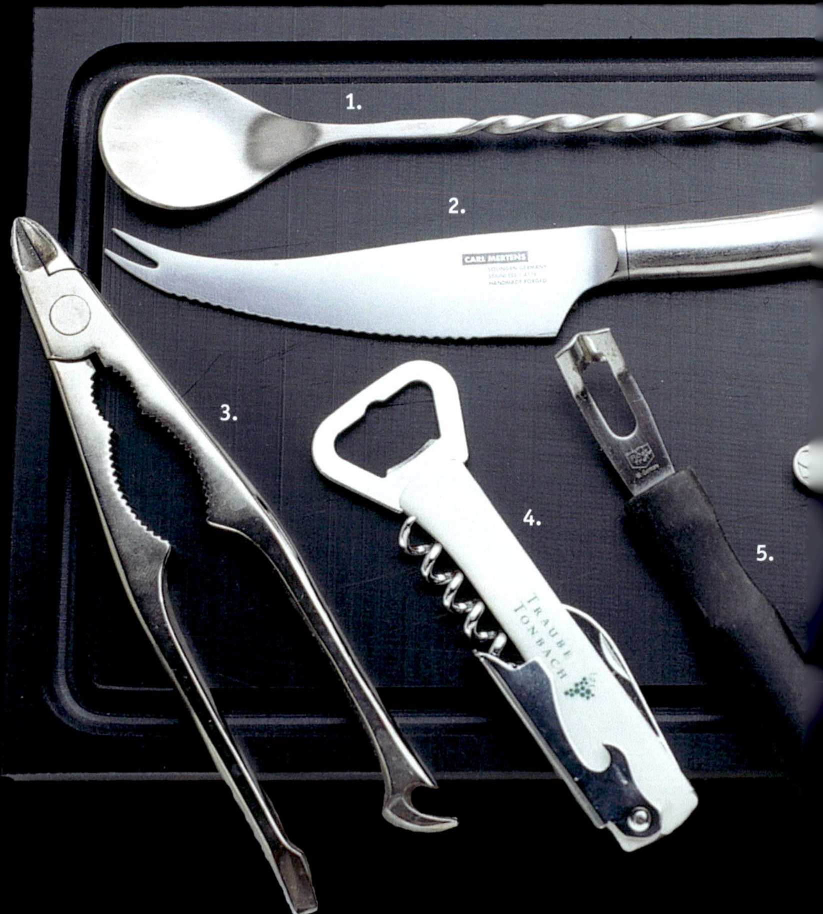

1. BARLÖFFEL UND BARGABEL sind langstielig. Der „gedrillte" Stiel verhindert ein Abrutschen bei nassen Händen. Internationales Barmaß bei Löffeln ist 0,5 cl. Der Barlöffel dient zum Verrühren der Cocktailzutaten im Rührglas oder Glas.

2. BARMESSER Am besten eignen sich scharfe, stabile Küchenmesser mit fester Klinge.

3. CHAMPAGNERZANGE Die Zange wird nach dem Entfernen der Drahtkappe an den Korken gesetzt und ermöglicht dessen kontrollierte Lockerung.

4. SOMMELIERMESSER auch Kellnermesser genannt, dient zum Öffnen von Weinflaschen. Es verfügt über ein kleines Messer, um die Staniolkapsel zu entfernen.

5. ZESTENREISSER/SPIRALSCHNEIDER ist ein Doppelwerkzeug, mit dem man Teile der Schale von Zitrusfrüchten

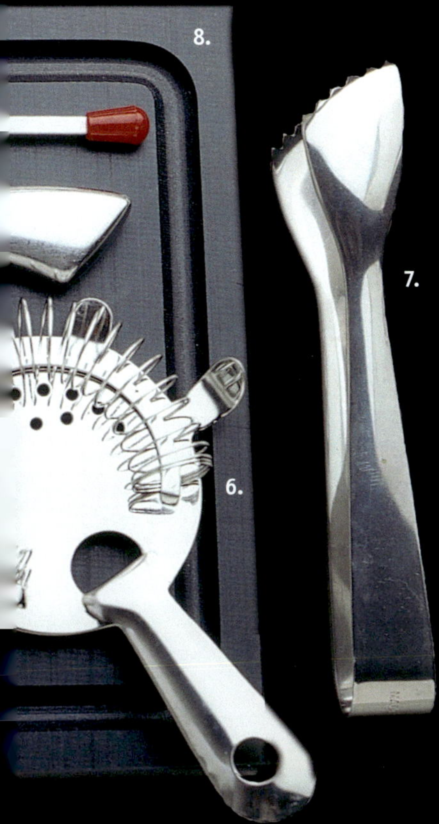

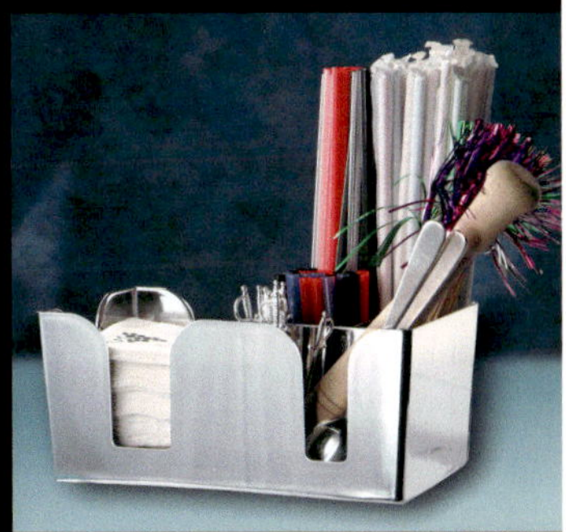

BARCADDY Hier sind Stirrer, Trinkhalme, Servietten und nützliche Utensilien untergebracht.

STIRRER oder Rührstab dient zum Vermischen der Flüssigkeiten im Glas.

abschneiden kann. Der Auszug der ätherischen Öle dient der Aromatisierung von Getränken. Das geschieht durch Knicken und Drücken kleiner Schalenstücke, der sogenannten Zeste: Der Drink wird „abgespritzt".
Der Spiralschneider wird verwendet, um lange Spiralen von Zitrusfrüchten zu schneiden. Sie sind äußerst dekorativ und geben ein frisches Fruchtaroma ab.

6. STRAINER (Barsieb) Mit dem Spiralsieb werden beim Abseihen aus dem Shaker, Mixglas, Blender oder Gästeglas die Eiswürfel und Fruchtstücke zurückgehalten. Man verwendet es auch zum Abgießen des Schmelzwassers.

7. BARZANGE verwendet man zum Platzieren von Garnituren, Fassen von Eiswürfeln und Trinkhalmen.

8. SCHNEIDEBRETT Am besten mit einer Saftrinne, um ablaufende Flüssigkeiten aufzufangen.

WHISKYTUMBLER
Spirituosen und Liköre auf Eis

COCKTAILGLAS/ MODERNE SEKTSCHALE
Short Cocktails, Sekt- oder Champagnercocktails

SCHNAPSGLAS/SHOOTER
klare Spirituosen und Shooters

GLÄSER

SEKT-/CHAMPAGNERTULPE
Sekt und Champagner, mit Schaumwein aufgefüllte Drinks

FANCY- UND TROPICGLAS
Cocktails jeglicher Art, mit viel Eis zubereitet

PÉRIGORD-GLAS
für cremige karibische Cocktails

Sekt- und Champagnerglas
für alle Arten von Schaumwein (Sekt, Champagner, Prosecco, Cava, Crémant)

TUMBLER/ OLD-FASHIONED-GLAS
Cocktails auf Eis
z. B. Caipirinha

GESCHWUNGENES LONGDRINKGLAS
fruchtige Longdrinks mit und ohne Alkohol

ICE-TEA-GLAS
alle Arten von Ice Tea mit und ohne Alkohol

TROPICGLAS
Tropical und Fancydrinks mit und ohne Alkohol

VERMOUTH-GLAS
Vermouth jeglicher Art mit und ohne Eis

COCKTAILGLAS/ COCKTAILSPITZ
klassische Cocktails wie Martini Cocktail, Manhatten

GLÄSER

LIKÖRSCHALE
alle Liköre ohne Eis

FANCYGLAS
alle beliebigen Fantasiecocktails mit und ohne Alkohol

SLINGGLAS/JULEPGLAS
Slings, Juleps und Longdrinks

COGNACSCHWENKER
Brandy, Weinbrände, edle Obstbrände

HURRICANEGLAS
Coladas, Batidas und sonstige karibische Drinks

NON-ALCOHOLIC-GLAS
alkoholfreie Cocktails und Milchshakes

HOT-SHOT-GLAS/ POUSSE-CAFÉS
für alle farbenprächtigen und geschichteten Short Drinks

IRISH-COFFEE-GLAS
für den klassischen Irish Coffee

GEWÜRZE – EIN FEST

Gewürze sind ein wichtiger Bestandteil einer Hausbar und unerlässlich für manche Cocktails. Mit diesem Sortiment sind Sie gut ausgestattet.

1.+9. ZIMT/ZIMTSTANGE ist ein immergrünes Lorbeergewächs, das in Sri Lanka und im tropischen Indien beheimatet ist. Verwendet wird die getrocknete Innenrinde, in Stücken oder gemahlen.

2. NELKEN wachsen am Gewürznelkenbaum und gehören zu den ältesten Gewürzen der Welt. Sie schmecken brennend-feurig und würzen stark, deshalb sparsam dosieren. Nelken sind die im Schatten getrockneten noch ungeöffneten Blütenknospen.

3. WORCESTERSAUCE ist eine englische Würzsauce aus Soja, Limonen- und Tamarindensaft, Zwiebeln, Essig und Gewürzen mit kräftigem Geschmack.

4. TABASCO Bei der Herstellung der Tabasco-Sauce wird das Chili-Mus in Eichenfässer gefüllt und mit einer dicken Schicht aus Salz bedeckt. Dort reift es bis zu drei Jahren. Die Fässer werden mit durchlöcherten Eichenplanken verschlossen. Sparsam verwenden, denn Tabasco ist sehr feurig.

FÜR DIE SINNE

5. MINZE mit ihrem frischen, ausgeprägten Aroma ist ganzjährig erhältlich.

6. SELLERIESALZ kommt als Würzmittel in Katergetränken („Pick-me-ups") und Kreationen aus Gemüsesäften zum Einsatz. Vorsichtig dosieren!

7. MEERSALZ zerkrümeln oder mahlen, bevor es zum Getränk gegeben wird.

8. MUSKAT Die braunen Kugeln würzen mit einer feurig-süßen und stark aromatischen Schärfe. Der Geschmack ist am intensivsten, wenn die Muskatnuss frisch gerieben wird.

10. PAPRIKAPULVER Die Schärfe von Paprika variiert je nach Sorte der verwendeten Schoten und danach, ob die Kerne und das Innere entfernt wurden. Guter Paprika ist intensiv rot gefärbt.

11. PFEFFER Gemahlener Pfeffer verliert schnell sein Aroma, deshalb sollte er immer frisch gemahlen werden.

12. VANILLE Die kletternde Orchidee, von der die Vanilleschoten stammen, ist in Mittelamerika zu Hause. Verwendet werden entweder die Samen, die man vorsichtig aus der Vanilleschote schabt, oder die Essenz.

DEKO

Das Auge trinkt mi

Bei der Cocktaildekoration sind der eigenen Kreativität keine Grenzen gesetzt. Erlaubt ist, was gefällt. Jedoch ist darauf zu achten, dass die Geschmacksrichtung der Dekoration mit dem Drink harmonisiert. Zum Garnieren sollten nur frische, essbare Früchte und Blüten verwendet werden.

RATION

Setzen Sie bei der Planung eines Cocktailabends eine Auswahl an Früchten und Holzspießchen mit auf die Einkaufsliste. Lassen Sie sich von den folgenden vier Dekorationstipps für ihre Cocktails inspirieren.

DELPHINE

Ideal für blaue Getränke

Zutaten pro Cocktail:

1 Banane

2 Gewürznelken

3 Ananasblätter

1 Cocktailkirsche

STEPS

1. Banane halbieren, am Strunkende ca. 3 cm längs einschneiden. Gewürznelken als Augen platzieren.

2. Am Rücken und auf beiden Seiten der Banane an der Seite mit dem Messer längliche Schnitte machen und die zugeschnittenen Ananasblätter in die Schlitze stecken.

3. Kirsche in den Schnabel klemmen. Banane am Ende ca. 2 cm einschneiden und auf den Glasrand stecken.

BLUME AUF ROTEM ZUCKERRAND

Zutaten pro Cocktail:
Zucker
2 cl Grenadinesirup
1 Zitrone
3 rote Johannisbeeren
1 Vanilleschote
2 Minzeblätter
3 Zahnstocher

STEPS

1. Grenadinesirup und Zucker in jeweils einen flachen Teller geben. Den Glasrand mit dem Grenadinesirup benetzen. Anschließend den Rand leicht im Zucker drehen, damit ein gleichmäßiger Zuckerrand entsteht.

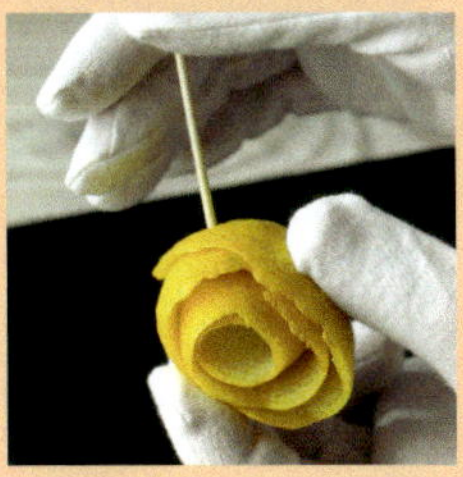

2. Von einer Zitrone mit einem Barmesser eine breite Spirale schälen. Spirale zu einer Blume formen, mit einem Zahnstocher zusammenstecken. Zahnstocher an den Enden kürzen.

3. Mit dem zweiten Zahnstocher die Vanilleschote von unten in die Blüte stecken. Einen weiteren Zahnstocher zur Fixierung am Glasrand in die Blüte stecken und über den Glasrand legen. Minzeblätter und Blüte auf dem Glasrand dekorieren. Die Johannisbeeren in die Blüte legen.

FRUCHTSPIESS MIT ORANGENSPIRALE

Für Gläser mit Stiel

Zutaten pro Cocktail:

1 Orange
1 Erdbeere
1 Karambole (Sternfrucht)
1 Physalis
Trinkhalm
1 Zahnstocher

STEPS

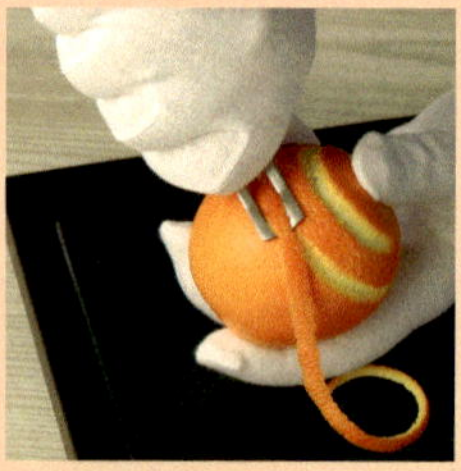

1. Mit dem Zestenreißer eine lange Orangenspirale ziehen. Die Spirale um einen Trinkhalm wickeln und beiseite legen.

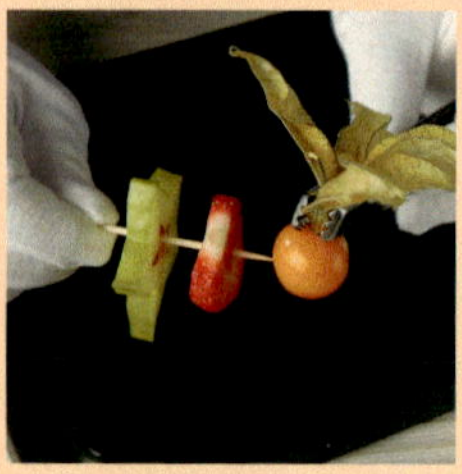

2. Von der Karambole und der Erdbeere eine Scheibe abschneiden. Blätter der Physalis öffnen. Physalis, Erdbeer- und Karambolenscheibe auf einen Zahnstocher stecken. Karambole ca. 1 cm einschneiden und mit Zahnstocher am Glasrand aufstecken.

3. Die Orangenspirale vom Trinkhalm entfernen, am Glasrand anlegen und um den Glasstiel winden.

FANTASIEDEKORATION

Zutaten pro Cocktail:
4 Ananasblätter
$^{1}/_{4}$ Scheibe Ananas
1 rote Johannisbeerrispe
1 blaue Weintraube
1 Zahnstocher

STEPS

1. Ananasblätter fächerförmig anordnen, Blattenden einschneiden und auf den Glasrand stecken.

2. Ananasviertel einschneiden, Johannisbeerrispe in den Ananasschnitt stecken und am Glasrand befestigen.

3. Weintraube mit einem gekürzten Zahnstocher in die Ananas stecken.

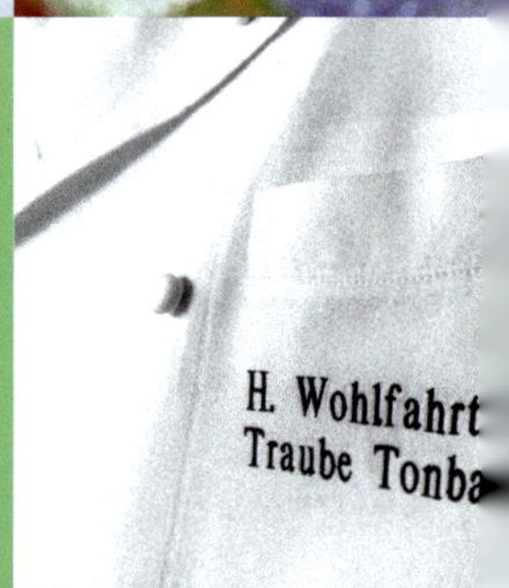
H. Wohlfahrt
Traube Tonba

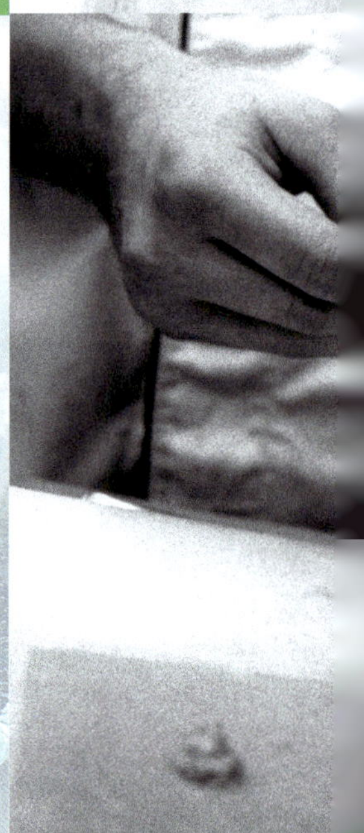

Volailles
40.00
Restaurant
Schwarzwald Stube

BAR

Liebe Leser!

Fingerfood ist das beste Barfood und steht auf der Hitliste bei der Partyplanung ganz oben. Ich habe für Sie, liebe Freunde des Genusses, 15 kulinarische Miniformate kreiert und verspreche Ihnen damit ein Geschmackserlebnis der Extraklasse.

Die ausgewählten Köstlichkeiten sind von höchster Güte und feinster Zubereitung. Kalkulieren Sie vier bis sechs dieser Winzlinge pro Person für Ihre Cocktailparty.

Stellen Sie die Auswahl nach Anlass und Art der Gäste zusammen. Arrangieren Sie die Gourmet-Häppchen so, dass sie sich im Geschmack unterscheiden. Zum Beispiel: Feine Lothringer Wildschweinpastete neben Gänseleber mit süßen Äpfeln und Sichuanpfeffer.

Verwöhnen Sie Ihre Gäste und lassen auch Sie es sich schmecken.

Bon appétit und Viel Erfolg

Ihr U. Jungfaust

AUBERGINEN-MOZZARELLA-RÖLLCHEN

Ergibt 20 Stück

- 2 große, längliche Auberginen
- Salz
- 1 Bund Petersilie
- 1 Bund Basilikum
- 2 Knoblauchzehen
- 2 Mozzarellakugeln à 125 g
- 3–5 EL frisch geriebenes Weißbrot
- Pfeffer aus der Mühle
- 2 Fleischtomaten
- 20 Holzspießchen
- 100 ml Olivenöl

ZUBEREITUNG

Die Auberginen putzen, waschen und längs in dünne Scheiben schneiden. Mit Salz bestreuen und 30 Minuten ziehen lassen, damit die Bitterstoffe entzogen werden. Anschließend kalt abbrausen und trockentupfen.

Die Kräuter waschen, trocken schütteln und die Blätter fein hacken. Knoblauch pellen, in feine Würfel schneiden und in einem Esslöffel Öl andünsten. Kräuter, Knoblauch und einen abgetropften Mozzarella fein hacken und mit so viel Weißbrot verrühren, bis eine streichfähige Masse entsteht. Mit Salz und Pfeffer würzen.

Die Auberginenscheiben nebeneinander ausbreiten und gleichmäßig mit der Paste bestreichen. Eine Mozzarellakugel abtropfen lassen und in etwa 1 cm dicke Stifte schneiden. Jeweils einen Mozzarellastift quer auf die Auberginenscheiben legen.

Die Tomaten überbrühen, häuten, vierteln und entkernen. Das Fruchtfleisch in Würfel schneiden und auf den Auberginenscheiben verteilen. Die Auberginen aufrollen und mit Holzspießchen feststecken. Das restliche Öl erhitzen und die Auberginen darin bei mittlerer Hitze rundum goldbraun braten.

WÜRZIGES SATÉ

Ergibt 20 Stück
- 2 Putenbrüste ohne Haut und Knochen

Für die Marinade
- 1 Stängel Zitronengras
- 2 Schalotten
- 2 Knoblauchzehen
- 1 cm frischer Ingwer
- 1/2 TL brauner Zucker
- 1/2 TL Kumin, gemahlen
- 1/2 TL Koriander, gemahlen
- 1 TL Kurkuma/Gelbwurz
- 1 TL Salz
- 1 EL Sonnenblumenöl

Für die Sauce
- 4 EL geröstete Erdnüsse
- 2 Stängel Zitronengras
- 2 Schalotten
- 2 Knoblauchzehen
- 2,5 cm frischer Ingwer
- 1 TL Gelbwurz
- 1 EL Sonnenblumenöl
- 1 EL brauner Zucker
- 1 TL Fischsauce
- 1 EL scharfe chinesische Chilisauce
- Saft von 1 Limette
- 4 EL Wasser
- 200 ml Kokosmilch

VORBEREITUNG

Die Sauce bis zu 4 Tage im Voraus zubereiten. Abgedeckt im Kühlschrank aufbewahren. Putenbrust einen Tag im Voraus marinieren. Spieße 12 Stunden vor dem Verzehr vorbereiten. In einem luftdichten Behälter im Kühlschrank aufbewahren. Sauce vor dem Servieren erhitzen.

ZUBEREITUNG

Putenbrust in 20 Streifen von 0,5 cm Breite und 6 cm Länge schneiden.

Für die Marinade die harte äußere Haut vom Zitronengras abziehen, den unteren Teil putzen, anschließend den Stängel fein hacken. Schalotten, Knoblauch und Ingwer schälen und mit Zitronengras, Zucker, Gewürzen und Öl in den Mixer geben. Zu einer glatten Paste verarbeiten. Die Marinade in eine Schüssel geben und die Putenbrüste darin gründlich wenden. Abgedeckt für mindestens 1 Stunde in den Kühlschrank stellen.

Für die Sauce Erdnüsse in den Mixer geben und fein zermahlen. Beiseite stellen. Die harte äußere Haut vom Zitronengras abziehen und dieses fein hacken. Schalotten, Knoblauch und Ingwer schälen und mit dem gehackten Zitronengras, Gelbwurz und Sonnenblumenöl in den Mixer geben und zu einer glatten Paste verarbeiten. Bei mittlerer Hitze eine Bratpfanne erhitzen. Die Paste hineingeben und 5 Minuten unter Rühren braten, bis sie weich ist. Gemahlene Erdnüsse, Zucker, Fisch- und Chilisauce, Limettensaft, Wasser und Kokosmilch hineingeben. Die Sauce 10 Minuten kochen lassen, bis sie etwas eindickt, dabei gelegentlich umrühren. Warm halten.

Je 1 Putenbruststreifen der Länge nach auf die Holzspieße stecken, so dass Wellenlinien entstehen. Grill oder Pfanne vorheizen. Die Spieße in 5 Minuten pro Seite garen. Heiß mit der warmen Sauce servieren.

PÜREE VON MILD GERÄUCHERTEM STÖR

Rezept für 4 Portionen
- 100 g Kartoffeln, geschält
- 160 ml Sahne
- 1 Knoblauchzehe
- 8 Rosmarinnadeln
- 5 weiße Pfefferkörner
- 200 g Räucherstör
- 10 g Butter
- 1 EL kalt gepresstes Olivenöl
- Meersalz
- Pfeffer aus der Mühle
- 1 EL geschlagene Sahne

Marinade
- 15 ml kaltgepresstes Olivenöl
- Saft und abgeriebene Schale von 1 Limette
- Meersalz
- Pfeffer aus der Mühle
- 1 Prise Zucker

Garnitur
- 1 Hummercorail
- Meersalz
- 50 g Osietra-Kaviar
- 1 Bund Schnittlauch

ZUBEREITUNG

Püree In einem Topf klein gewürfelte Kartoffeln mit Sahne, Knoblauch, Rosmarin, Thymian, Lorbeer und Pfeffer zum Kochen bringen. Köcheln, bis die Kartoffeln gut weich sind. Gewürfeltes Störfleisch hinzufügen, etwa 10 Minuten gar ziehen lassen. Alles im Küchenmixer fein pürieren. Butter und Olivenöl unterrühren. Püree auf Zimmertemperatur abkühlen. Mit Salz und Pfeffer nachwürzen, geschlagene Sahne unterheben.

Marinade Olivenöl mit Limettensaft und -schale verrühren. Mit Salz, Pfeffer und Zucker abschmecken.

Garnitur Hummercorail im leicht gesalzenen Wasser oder Fischfond 10 Minuten garziehen lassen, aus dem Fond nehmen und erkalten lassen. Mit der Gabel fein zerdrücken.

Anrichten Störpüree mit Ausstechringen in der Tellermitte anrichten. Mit Eierlöffeln (nicht aus Silber) Kaviarnocken formen, auf das Püree setzen. Mit Marinade beträufeln. Mit Schnittlauchröllchen und dem Hummercorail garnieren.

Als Corail bezeichnet man den orangeroten Rogen von weiblichen Hummern oder anderen Krustentieren sowie von Jacobsmuscheln. Die korallenrote Farbe entsteht erst nach dem Erhitzen. Corail ist nährstoffreich und enthält hohe Anteile an Vitaminen.

MIT MÜNSTERKÄSE GEFÜLLTE LA RATTE-KARTOFFELN

Rezept für 4 Portionen

- 12 kleine La Ratte-Kartoffeln (à 25 g)
- Salz
- Kümmel
- 1 Thymianzweig
- 1 Rosmarinzweig
- 400 g Münsterkäse
- 1 Ei
- 220 g Weißbrot, fein gerieben
- Öl zum Frittieren
- Pfeffer, frisch gemahlen

Für die Garnitur

- 5 g schwarze Trüffel, in feine Streifen geschnitten
- 50 g Feldsalat
- 2 Blätter Lollo Rosso
- 20 Löwenzahnspitzen
- Dressing zur Garnitur
- 25 ml Balsamicoessig
- 25 ml Olivenöl
- 25 ml Walnussöl
- Meersalz
- Pfeffer, frisch gemahlen

ZUBEREITUNG

Kartoffeln im Salzwasser mit Kümmel, Thymian und Rosmarin weich kochen. Kartoffeln pellen, der Länge nach halbieren, mit einem Teelöffel aushöhlen. Einen Rand stehen lassen. Käserinde fein abschneiden und den Käse entsprechend der Aushöhlung in die Kartoffel geben. Kartoffelränder mit Eigelb bestreichen. Kartoffeln wieder zusammensetzen und zuerst im Eiweiß wenden, dann im fein geriebenen Weißbrot panieren. Kartoffeln in der 180 Grad heißen Fritteuse 3 – 4 Minuten goldgelb backen. Auf Küchenkrepp abtropfen lassen, mit Salz und Pfeffer würzen.

Garnitur Den gewaschenen und getrockneten Salat mit dem Dressing vermischen. Anrichten und mit den Trüffelstreifen bestreuen.

GEBRATENE SPARGEL-SCHINKEN-RÖLLCHEN MIT PARMESAN

Ergibt 4 Stück

- 4 dünne Scheiben gekochter Schinken
- 4 dünne Scheiben Parmesan
- 4 Spargelspitzen, geschält und gerade weich gegart
- 2 Eier, verquirlt
- Mehl
- Olivenöl zum Braten

Für die Champagnervinaigrette

- 25 ml Olivenöl
- 25 ml weißer Balsamicoessig
- 25 ml Champagner
- $^1/_2$ TL Gemüsebrunoise
- $^1/_2$ TL Tomatenconcasseé
- Schnittlauchröllchen
- $^1/_2$ TL gehacktes Eiweiß
- 6 Kapern
- Meersalz, Pfeffer aus der Mühle

ZUBEREITUNG

Auf je eine Scheibe Schinken eine Scheibe Parmesan und eine Spargelspitze legen. Jeweils zu einem Zylinder zusammenrollen.

Die Spargel-Schinken-Röllchen in das Ei tauchen, im Mehl wenden und in etwas heißem Olivenöl goldbraun braten. Sofort servieren.

Für die Vinaigrette alle Zutaten miteinander verrühren.

Gemüsebrunoise ist in ganz feine Würfel geschnittenes und in Salzwasser blanchiertes Gemüse.

Tomatenconcasseé: Tomaten kurz in kochendes Wasser einlegen, anschließend häuten, halbieren, entkernen und in feine Würfel schneiden.

GÄNSELEBER MIT SÜSSEN ÄPFELN UND SICHUANPFEFFER

Ergibt 4 Stück

- **60 g Zucker**
- **5 EL Wasser**
- **2 Äpfel, geschält und in dünne Scheiben geschnitten**
- **150 g Gänseleber, in 4 Scheiben geschnitten**
- **1 EL Olivenöl**
- **4 TL Sichuanpfeffer, im Mörser zerstoßen**

ZUBEREITUNG

Zucker und Wasser in einem Topf verrühren und erhitzen, bis sich der Zucker gelöst hat. Die Flüssigkeit aufkochen und zu einem leichten Sirup einkochen lassen. Die Apfelscheiben hineingeben und gut untermischen.

Die Gänseleber in dem Öl von beiden Seiten hellbraun braten. Auf Tellern anrichten.

Einige Apfelscheiben und Sirup neben der Leber aufhäufen, etwas Pfeffer in einem Streifen daneben streuen. Sofort servieren.

Der Sichuanpfeffer (Szechuanpfeffer) ist auch als Fagara, Blütenpfeffer oder Chinesischer Pfeffer bekannt. Er stammt vom Gelbholzbaum und ist nicht verwandt mit dem uns vertrauten schwarzen oder weißen Pfeffer.

MEERESFRÜCHTESPIESSE

Ergibt 8 Stück

- 2 TL frisch geriebener Ingwer
- 2 Knoblauchzehen
- 2 frische grüne Chilis, entkernt und fein gehackt
- 2 EL Erdnuss- oder Sonnenblumenöl
- 600 g Seeteufelfilets in 24 Stücken
- 8 rohe Riesengarnelen, ausgelöst, mit Schwanzenden
- Salz und Pfeffer

Scharfe Salsa

- 2 Tomaten
- 4 Scotch-Bonnet- oder Thai-Chilis (Prik Khee noo)
- 4 grüne Jalapeño-Chilis, entkernt und fein gehackt
- 2 EL frisch gehacktes Koriandergrün
- 2 EL Olivenöl
- 1 EL Rotweinessig
- Salz

ZUBEREITUNG

Ingwer, Knoblauch, grüne Chilis und Öl in eine große Schüssel geben und mischen. Fisch und Garnelen dazugeben und mit der Marinade überziehen. Mit Frischhaltefolie bedeckt 1 Stunde kalt stellen.

Für die Salsa die Tomaten einschneiden und in einer hitzebeständigen Schüssel mit kochendem Wasser übergießen. Nach etwa 30 Sekunden herausnehmen und etwas abkühlen lassen, dann die Haut vollständig abziehen.

Die Scotch-Bonnet-Chilis im vorgeheizten Ofen bei mittlerer Grillstufe unter häufigem Wenden grillen, bis die Haut Blasen wirft und dunkel wird. Mit der Grillzange in einen Gefrierbeutel geben und diesen verschließen. Die Jalapeño-Chilis in eine Schüssel geben. Die Tomaten halbieren und entkernen. Fein hacken und zu den Chilis geben. Die Scotch-Bonnet-Chilis aus dem Beutel nehmen und die Haut abziehen. Längs halbieren, entkernen und fein hacken. Dazu am besten Gummihandschuhe tragen, da diese Chilis sehr scharf sind. Mit dem Koriandergrün zu den Tomaten geben. Das Olivenöl mit dem Rotweinessig verrühren und mit Salz abschmecken. Über die Salsa gießen, mit Frischhaltefolie abdecken und in den Kühlschrank stellen.

Anrichten Meeresfrüchte auf 8 Spieße aufstechen und im vorgeheiztem Ofen bei hoher Grillstufe unter häufigem Wenden 6–8 Minuten garen. Auf einer Servierplatte anrichten, salzen und pfeffern, mit der Salsa servieren.

> Jalapeño ist der am häufigsten verwendete Chili. Je nach Farbe ändert sich der Geschmack. Scotch Bonnet zählt zu den schärfsten Chilisorten. Beide Arten sind ideal für würzige Saucen und Dips.

GEBRATENE KALBSLEBER MIT PILZEN UND WALNÜSSEN

Ergibt 6 Portionen

- **3 Lebern vom Kalb (ca. 300g), grob gehackt**
- **4 EL Olivenöl**
- **50 g Wildpilze, in Scheiben geschnitten**
- **1 Knoblauchzehe, geschält und sehr fein gehackt**
- **1 EL Weißweinessig**
- **15 g Walnüsse**

ZUBEREITUNG

Die Kalbsleber in etwas Olivenöl braten, beiseite stellen. Die Pilze mit dem Knoblauch in 2 Esslöffeln Olivenöl weich braten. Die Leber dazugeben und nochmals erhitzen.

Die Lebermischung auf eine Servierplatte häufen. Mit dem Essig beträufeln, mit Walnüssen garnieren und sofort servieren.

Als Wildpilze empfehlen wir eine Mischung aus Steinpilzen, Pfifferlingen, Chanterelles und Champignons je nach Saison.

SEETEUFEL UND PANCETTA AUF ROSMARIN-SPIEDINI MIT ZITRONEN-AÏOLI

Ergibt 20 Stück

- 350 g Seeteufel (Schwanzstück ohne Haut und Gräten)
- 4 Scheiben Pancetta oder Speck
- 20 Rosmarinzweige (10 cm lang)

Für die Marinade

- 4 EL Olivenöl
- abgeriebene Schale und Saft von 1 Zitrone
- 1 Knoblauchzehe, in Scheiben geschnitten
- 1 TL Salz
- ½ TL schwarzer Pfeffer

Für die Zitronen-Aïoli

- 1 EL Mayonnaise
- 1 Spritzer Zitronensaft
- ½ Knoblauchzehe, geschält und fein gehackt
- Salz, Pfeffer, frisch gemahlen

VORBEREITUNG

Den Seeteufel bis zu 4 Stunden im Voraus marinieren. In einem luftdichten Behälter im Kühlschrank aufbewahren. Bis zu 2 Stunden im Voraus an die Spieße stecken. In einem luftdichten Behälter im Kühlschrank aufbewahren.

ZUBEREITUNG

Den Seeteufel in 20 Würfel von 2,5 cm Kantenlänge schneiden. Pancetta in 20 gleich große Stücke schneiden. Pancetta abgedeckt in den Kühlschrank stellen.

Für die Rosmarinspieße die Nadeln von den Stängeln entfernen, dabei am oberen Ende einige als Dekoration stehenlassen. Die Nadeln aufbewahren. Das kahle Ende mit einem scharfen Schälmesser anspitzen.

Für die Marinade die abgezupften Rosmarinnadeln grob hacken. In einer Plastik- oder Porzellanschüssel den Rosmarin mit Öl, Zitrone, Knoblauch, Salz und Pfeffer mischen, Seeteufel hinzugeben und gründlich wenden. Abgedeckt für 30 Minuten in den Kühlschrank stellen. Je 1 Stück Seeteufel und Speck auf die spitzen Enden der Rosmarinstängel schieben. Den Elektro- oder Holzkohlengrill bzw. eine gusseiserne Grillplatte oder Pfanne erhitzen. Die Seeteufel-Spiedini in 2 – 3 Minuten pro Seite garen.

Für die Zitronen-Aïloi alle Zutaten vermischen und mit dem warmen Fisch servieren.

GEBRATENE TOMATEN MIT ZIEGENFRISCHKÄSE UND SARDELLEN

Ergibt 8 Stück

- 8 reife Tomaten, enthäutet, von Stielansatz und Kernen befreit, halbiert
- Olivenöl zum Beträufeln
- Salz
- Zucker
- 2,5 EL natives Olivenöl extra
- 1,5 TL Tapenade von schwarzen Oliven
- 1 kleiner Bund frisches Basilikum, fein gehackt
- 200 g Ziegenfrischkäse
- 16 Sardellenfilets, Öl abgegossen
- 20 g Pinienkerne, in wenig Olivenöl geröstet

ZUBEREITUNG

Die Tomatenhälften auf ein Backblech legen. Mit Olivenöl beträufeln, mit etwas Salz und Zucker bestreuen. Im Ofen bei 150 Grad Celsius 30 Minuten braten. Herausnehmen und abkühlen lassen.

Das extranative Olivenöl für die Vinaigrette mit der Tapenade und dem fein gehackten Basilikum verrühren.

Je zwei gebratene Tomatenhälften auf Tellern anrichten. Jeweils etwas Ziegenfrischkäse darauf setzen und ein Sardellenfilet darüber legen. Mit Pinienkernen bestreuen, die Vinaigrette darüber träufeln und servieren.

Tapenade ist eine Paste aus Sardellenfilets, Kapern, Olivenöl, schwarzen Oliven, Knoblauch und schwarzem Pfeffer.

GERÖSTETES WEISSBROT MIT ZUCCHINI UND GÄNSELEBER

Ergibt 4 Stück

- **20 g Gänseleber**
- **8 dünne Zucchinischeiben (jeweils 3 mm dick)**
- **Olivenöl**
- **4 Scheiben Baguette ohne Rinde**
- **1 EL Bitterorangenmarmelade**
- **schwarzer Pfeffer, frisch gemahlen**
- **frischer Koreander zur Dekoration**

ZUBEREITUNG

Je ein Viertel der Gänseleber zwischen zwei Zucchinischeiben geben. Die Scheiben mit etwas Olivenöl bestreichen und von beiden Seiten je 10 Sekunden grillen. Die Weißbrotscheiben rösten. Jeweils mit etwas Marmelade bestreichen und je ein Päckchen Zucchini darauf setzen. Mit Pfeffer übermahlen und sofort servieren.

Um die Zucchini hauchdünn zu schneiden, kann man auch einen Sparschäler benutzen.

WÜRZIG MARINIERTE SARDINEN

Ergibt 6 Portionen

- 12 frische, mittelgroße Sardinen, geschuppt und von Eingeweiden und Gräten befreit
- Mehl zum Bestäuben
- 100 ml Olivenöl
- frisch gemahlener schwarzer Pfeffer
- 1 getrocknete rote Chilischote, vom Stielansatz befreit und fein gehackt
- 2 Knoblauchzehen, geschält und fein gehackt
- 1 EL süßes spanisches Paprikapulver
- 3 Lorbeerblätter
- 100 ml Estragonessig
- 100 ml trockener Weißwein
- 100 ml Wasser
- Salz

ZUBEREITUNG

Die Sardinen mindestens 2 Stunden vor dem Servieren von beiden Seiten leicht mit Mehl bestäuben. Kurz im heißen Öl braten, bis sie von beiden Seiten gebräunt sind, und in ein tiefes Steingutgefäß legen.

Das Öl aus der Pfanne abseihen, abkühlen lassen und zurück in die Pfanne gießen. Pfeffer, Chili und Knoblauch dazugeben und sanft braten, bis der Knoblauch goldgelb ist.

Vom Herd nehmen. Das Paprikapulver, die Lorbeerblätter, Essig, Wein, Wasser und Salz hinzufügen. Aufkochen und eine Minute kochen lassen.

Die heiße Marinade über die Sardinen gießen. Bei Raumtemperatur mindestens 2 Stunden marinieren.

Nach Geschmack heiß, kalt oder bei Raumtemperatur servieren.

GEGRILLTER KABELJAU MIT KARTOFFEL-KNOBLAUCH-PÜREE

Ergibt 6 Portionen

- 750 g Klippfisch, aus der Mitte geschnitten
- 150 g Knoblauchzehen
- Olivenöl
- Weißweinessig
- 500 g Kartoffeln, mehlig kochend
- frisch gemahlener schwarzer Pfeffer
- 100 g Essiggurken (ohne Sud)
- 200 g schwarze Oliven
- 200 g Kapern (ohne Sud oder Salz abgespült)
- 2 EL gehackte, frische, glatte Petersilie

ZUBEREITUNG

Den Fisch in sechs gleich große Stücke schneiden, mit Wasser bedecken und 48 Stunden stehen lassen. Wasser zweimal am Tag wechseln.

Die Knoblauchzehen zum Marinieren pellen und in ein paar Esslöffeln Olivenöl goldgelb braten. Herausnehmen, in ein Schraubglas füllen und mit zwei Teilen Öl und einem Teil Essig bedecken. Ebenfalls 48 Stunden stehen lassen.

Die Kartoffeln ungeschält 45–60 Minuten im Ofen bei 180 Grad Celsius backen, bis sie weich sind. Die Schale aufritzen, das Fleisch auslösen. Knoblauch aus der Marinade nehmen, pressen und mit den Kartoffeln, etwas Olivenöl sowie schwarzem Pfeffer zu einem weichen Püree verarbeiten.

Den Fisch aus dem Wasser nehmen und mit Küchenpapier trockentupfen. Die Stücke mit Olivenöl bestreichen und auf Alufolie unter den heißen Grill schieben. So lange grillen, bis die Oberseite goldbraun ist. Die Hitze reduzieren und den Fisch noch ca. 2 Minuten garen.

Essiggurken, Oliven und Kapern fein hacken und um das Püree setzen, die gegrillten Fischstücke auf das Püree legen. Mit Petersilie garnieren.

FEINE LOTHRINGER PASTETEN MIT WILDSCHWEINFLEISCH

Ergibt 8 Stück

- **300 g Blätterteig (tiefgekühlt)**
- **2 Zwiebeln**
- **3 Knoblauchzehen**
- **3 EL Olivenöl**
- **500 g Wildschweinhackfleisch**
- **4 EL Tomatenmark**
- **Salz und Pfeffer, frisch gemahlen**
- **1 TL getrockneter Rosmarin**
- **2 Kugeln Mozzarella (à 125 g)**
- **Mehl für die Arbeitsfläche**
- **Butter für die Förmchen**
- **4 Eier**
- **150 g Crème fraîche**
- **2 Eigelb**

ZUBEREITUNG

Die Blätterteigplatten nebeneinander legen und auftauen lassen. Zwiebeln und Knoblauch schälen und in feine Würfel schneiden. Das Öl in einer Pfanne erhitzen, Zwiebeln und Knoblauch darin glasig dünsten. Das Hackfleisch hinzufügen und bei starker Hitze unter Rühren krümelig braten. Das Tomatenmark unterrühren und das Fleisch mit Salz, Pfeffer und Rosmarin würzen. Die Pfanne vom Herd nehmen und das Hackfleisch abkühlen lassen.

Den Backofen auf 180 Grad Celsius vorheizen. Den Mozzarella abtropfen lassen und in dünne Scheiben schneiden. Die Blätterteigplatten aufeinander legen und auf der bemehlten Arbeitsfläche dünn ausrollen. Acht Portionsförmchen (8 cm Durchmesser) mit Butter einfetten und mit dem Blätterteig auskleiden, die Teigreste beiseite legen.

Die Eier verquirlen und mit der Crème fraîche unter die abgekühlte Hackfleischmasse mischen. Die Füllung auf die Förmchen verteilen und mit den Mozzarellascheiben belegen. Aus dem restlichen Teig große Kreise (8 cm Durchmesser) ausstechen und die Pasteten damit bedecken. Die Eigelbe verquirlen und die Pasteten damit bestreichen. Die Pasteten im Backofen auf der mittleren Schiene etwa 30 Minuten goldbraun backen.

MARINIERTE THUNFISCHWÜRFEL MIT GRÜNEM MEERRETTICH

Ergibt 4 Stück

- 50 ml Sojasauce
- 50 ml Sonnenblumenöl
- 150 g ganz frischer Thunfisch, in Würfel geschnitten (Kantenlänge 3 cm)
- 2 EL Sesamsamen
- 4 Messerspitzen Wasabi (grüner Meerrettich)
- Sojaöl

ZUBEREITUNG

Für die Marinade die Sojasauce und das Sonnenblumenöl verrühren. Die Thunfischwürfel hineinlegen und mindestens 12 Stunden marinieren.

Die Thunfischwürfel mit je einer Messerspitze grünem Meerrettich bestreichen, mit Sesamsamen bestreuen und mit ein wenig Sojaöl beträufeln. Sofort servieren.

BERNHARD STÖHR

Barchef im Hotel Traube Tonbach

Geboren im Oktober 1957 in Mittelberg im Kleinen Walsertal. Nach dem Besuch der Realschule in Riezlern und des Gymnasiums in Oberstdorf beginnt er 1973 seine Ausbildung zum Restaurantfachmann im Hotel Sonnenalp in Sonthofen, wo er von 1976 bis 1983 als Commis de Bar und stellvertretender Barchef arbeitet. Von 1983 bis 1984 ist er Barchef in der Taverne in Riezlern. Seit Juni 1984 Chef der Hotelbar in der Traube Tonbach.

Seit **1977** Mitglied und ab 1996 Präsident der Deutschen Barkeeper-Union.

Auszug seiner zahlreichen Aktivitäten:
1979 Gewinn des deutschen Grand Prix „Martini" und Platz 7 beim „Martini"-Weltturnier in Turin.

1980 Teilnahme am zweiwöchigen Trainingscenter für junge Barkeeper weltweit in Stresa/Italien.

1993 Platz 4 beim Weltturnier „Alkoholfreier-Cocktail" in Wien.

1996 Baden-Württembergische Meisterschaft im Pre-Dinner-Drink (Sieg mit dem Cocktail „Williams Sun"). Bei der Cocktailmeisterschaft in Tokio Teamchef des zweimaligen Vizeweltmeisters im Einzel (Rüdiger Schmid) und der Deutschen Mannschaft. Teamchef des Technikweltmeisters Heinz Dahlmeier in Karlsbad/ Tschechien.

1998 Repräsentant bei der Cocktailweltmeisterschaft in Lissabon.

1999 Repräsentant bei der Cocktailweltmeisterschaft in Göteborg und Besuch beim IBA Trainingscenter in Singapore 1999.

2000 Teamchef des siegreichen Juniorenmixteams in Malaga und Pessione.

2001 Teamchef des Technikweltmeisters Torsten Spuhn in Rio de Janeiro.

2002 Teamchef des Einzel- und Mannschaftsweltmeisters im Flairtending Levent Yilmatz und in Bled/Slovenien.

2005 Keeper of the Quaich".

Bis heute wurden ihm insgesamt neun Goldmedaillen auf der Messe Intergastra in Stuttgart verliehen.

HARALD WOHLFAHRT

Küchenchef der Schwarzwaldstube

Geboren im November 1955 in Loffenau (bei Baden-Baden), verlebt er dort auch seine Kindheit und Jugend. Nach der Schulzeit von 1970 bis 1973 Kochlehre in Mönchs Waldhotel in Dobel (Nordschwarzwald). Die Berufswahl resultiert aus Kindheitserlebnissen bei den Großeltern, die Nebenerwerbslandwirte waren und seinen Sinn für Naturprodukte weckten und schärften.

1974–1976 Koch im bekannten Zwei-Sterne-Restaurant „Stahlbad"/Baden-Baden.

1976 Saucier in der Traube Tonbach. Zu jener Zeit ist die „Schwarzwaldstube" in der Planung. Die Familie Finkbeiner erkennt Wohlfahrts großes Talent und ermöglicht ihm die Vervollkommnung seines Könnens und Wissens bei bedeutenden Drei-Sterne-Köchen wie Eckart Witzigmann in München und Alain Chapel in Mionnay bei Lyon.

1978 stellvertretender Küchenchef (unter Wolfgang Staudenmeier) in der neueröffneten „Schwarzwaldstube".

1980 Nach bestandener Küchenmeister-Prüfung Berufung zum Küchenchef der „Schwarzwaldstube".

1991 „Koch des Jahres" im Gault Millau.

1992 Drei Sterne im Michelin.

Seit **1992** einziger Koch in Deutschland mit der Höchstbewertung in allen Restaurantführern.

2002 Verleihung der Verdienstmedaille des Landes Baden-Württemberg.

2003 Verleihung der Verdienstmedaille des Tourismusverbandes von Baden-Württemberg.

2004 Verleihung des Bundesverdienstkreuzes am Bande.

Buchveröffentlichungen

„Feines aus meiner Küche" (1998)
„Feine Desserts aus unserer Küche" (2000)

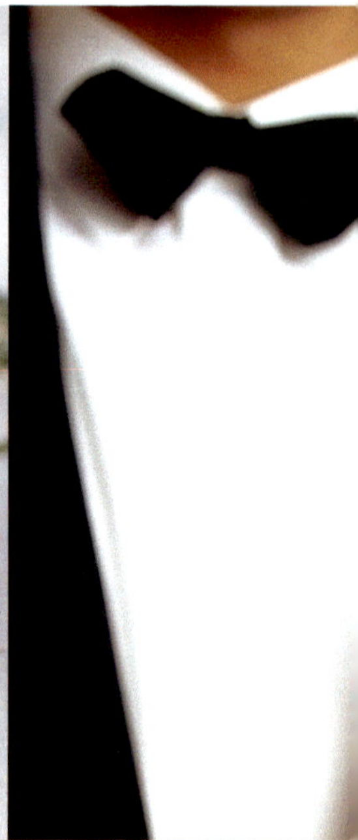

REGISTER ALLER REZEPTE

Cocktails

Barfood

Tel: +49. (0) 40. 48 00 31-0
Fax: +49. (0) 40. 48 00 31 31
www.Libbey.de
sammann@apssupply.com

WIR DANKEN FÜR DIE FREUNDLICHE UNTERSTÜTZUNG!

CAMPARI DEUTSCHLAND GMBH
Tel: +49 (0) 89. 210 37-151
Fax: +49 (0) 89. 210 37-194
www.campari.com

Grappa-Lexikon

(von Bibiana Behrendt) Viva la Grappa! Hier findet man von A wie Abfüllung bis Z wie Zollverschluss alles, was zur genussreichen Grappa-Welt gehört: Herkunft und Herstellung, Winzer und Destillerien, Weinregionen und Bezugsquellen. 192 Seiten in Farbe.
ISBN 3-7750-0399-1

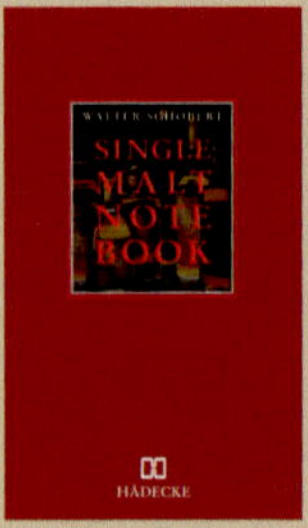

Single Malt Note Book

(von Walter Schobert) Für Fans und Experten: Distillery Facts mit allem Wissenswerten über Brennverfahren, Malz, Wasser, Abfüllungen und Alter und den Anschriften der Destillerien. Tasting Notes zu rund 250 ausgewählten Single Malts. 271 Seiten, farbige Abbildungen der Etiketten.
ISBN 3-7750-0332-0

BÜCHER FÜR DIE BAR

Wodka – Kultur und Genuss

(von Ian Wisniewski) Ob purer Genuss oder verlockender Cocktail – der faszinierende Branntwein erobert die Bars der Welt. Vom klassischen polnischen oder russischen Wodka bis zu neuen aromatisierten Sorten bietet das Buch Basiswissen und praktische Tipps. 64 Seiten in Farbe.
ISBN 3-7750-0426-2

Dim Sum – Köstliche Häppchen aus China und Südostasien

(von Fiona Smith) Fingerfood aus Fernost ist ideal für die Bar. Die erprobten Rezepte kommen aus China, Thailand, Vietnam, Malaysia und Japan und lassen sich problemlos zubereiten. 64 Seiten in Farbe.
ISBN 3-7750-0372-X

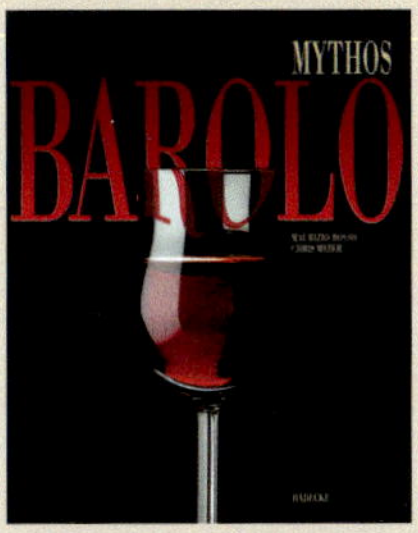

Mythos Barolo
(von M. Rosso, Fotos von C. Meier, Vorwort von L. Veronelli) Legende, Geschichte, Porträts in Wort und Bild. Fachbuch und repräsentativer Bildband über einen der großen Weine der Welt. 287 Seiten mit über 300 Farbfotos und 35 großformatigen Porträts im Duplexdruck.
ISBN 3-7750-0350-6

Champagner – und die Kunst ihn zu genießen
(von Karl Petzke und Sara Slavin) Champagner, Prosecco, Sekt und Crémant in literarischen Zitaten und überraschenden Rezepten.
96 Seiten, 52 Farbfotos.
ISBN 3-7750-0291-x

LUST
AUF
MEHR?

Ausführliche Informationen bei
Walter Hädecke Verlag,
D-71263 Weil der Stadt
Fax +49 (0)7033-1380813
info@haedecke-verlag.de

Wir freuen uns über Ihren Besuch auf unserer Website:
www-haedecke-verlag.de

Grappa – Kultur & Lebensart
(von Susanna Blini mit Fotos von Ansgar Pudenz) Grappa, atmosphärisch aufbereitet: Geschichte, Herstellung, Philosophie, raffinierte Rezepte und berühmte Marken. 96 Seiten mit 62 Farb- und S/W-Fotos.
ISBN 3-7750-0317-7

Scotch Whisky – Wasser des Lebens
(von Walter Schobert mit Fotos von Carsten Eichner) Nosing and Tasting und alles, was man über das wahre „Aqua Vitae" wissen möchte. Impressionen einer Schottland-Reise zu den Quellen. 96 Seiten mit über 70 Farb- und S/W-Fotos.
ISBN 3-7750-0387-2

BARNOTIZEN